aan het water
HoLLanD
on the waterfront

aan het water
HOLLAND
on the waterfront

Ivan Borghstijn

Nick van Weerdenburg

TULIP BOOKS

© Tulip Books
© fotografie **photography** Uitgeverij Maarten Muntinga
fotografie **photography** Ivan Borghstijn m.m.v. Tako Röling
tekst **text** Manon Sikkel
samenstelling **composition** Nick van Weerdenburg
ontwerp **design** Ronald Timmermans
dtp Ronald Timmermans, Jan van der Meijde
druk **print** Proost, Turnhout, Belgium
november 2002

ISBN hard cover 90 6766 4022
ISBN soft cover 90 6766 4030

NUR 500/521

foto omslag voorzijde **photo front cover** Zaanse Schans
foto omslag achterzijde **photo back cover** Hindeloopen
foto's binnenkant omslag voorzijde **photo's inside front cover** Sloten (Friesland)
foto's binnenkant omslag achterzijde **photo's inside back cover** de Batavia, Lelystad

Hollanders en water

Er fietst een man over de dijk, voorovergebogen over het stuur van zijn fiets en met de wind in zijn gezicht. Het water naast hem heeft dezelfde grijze kleur als de lucht. Het begint te regenen. Gelukkig is de man bijna thuis, in een klein, gezellig boerderijtje achter de dijk waar het warm en droog en veilig is.

Het is een archetypisch beeld van de Nederlander. Een beeld dat in commercials en kinderboeken wordt gebruikt. Nederlanders zien zichzelf niet als een volk op klompen, maar als een volk met de voeten in het water en het hoofd in de wind.

Ooit veranderde Nederland van een ontoegankelijk veenmoeras in een akkerland met plassen, meren en rivieren. Om het moeras te ontginnen werden sloten gegraven waardoor het water via de rivieren naar zee kon afvloeien. Doordat het water uit de veengrond verdween, klinkte deze in en Nederland zakte langzaam steeds verder onder het niveau van de zeespiegel. Om het wassende water tegen te houden bouwden we dijken en terpen. De oudste dijken zijn meer dan duizend jaar oud. Door heel Nederland kwamen windmolens die het water wegpompten en de polders droog hielden.

Maar soms verloren we de strijd tegen het water. Er waren altijd woeste binnenzeeën die het land wegvraten, rivieren die buiten hun oevers traden en dijken die doorbraken met alle rampzalige gevolgen van dien. En zo werden in de twintigste eeuw de Deltawerken en de Afsluitdijk gebouwd, die het zoute water moesten temmen.

Het water is door de eeuwen heen niet alleen een vijand geweest, het is ook een vriend. Wij zijn een volk van vissers en handelaren en die handel heeft altijd voor een groot deel via het water gelopen. Via onze Zuiderzee en Noordzee over de zeven wereldzeeën. Niet voor niets is de Rotterdamse haven momenteel een van de belangrijkste havens ter wereld.

In ons labyrint van sloten, plassen, meren, grachten, rivieren en kanalen wanen wij ons veilig. Wij hebben geleerd om te leven met de eeuwige dreiging van de zee. En dat terwijl het laagste punt van Nederland zo'n zeven meter onder de zeespiegel ligt. We voelen ons veilig achter de dijken en er is geen ander volk dat zo graag zwemt, schaatst, zeilt en roeit. Het water zit ons in de genen en een ieder van ons voelt zich soms die man op die dijk, vechtend tegen de wind.

The Dutch and water

A man cycles along a dike, hunched over his handlebars, the wind in his face. The water is the same dull grey as the sky above. It starts to rain. Luckily he is almost home. His small farm is tucked below the dike, warm, safe and dry.

This is a typical scene in Holland and one used in commercials and children's books. The Dutch do not see themselves as a nation wearing clogs, but as a nation with their feet in the water and their heads in the wind.

From impassable marshlands emerged fields with ditches, lakes and rivers. To drain and reclaim the marshlands, ditches were dug and the water channeled via canals and rivers to the sea. A direct result of the disappearance of the water was the consolidation of the fens and Holland slowly subsided more and more below sea level. For this reason dikes and fortifications were built to keep out the ever rising water. The oldest dikes are over a thousand years old. Throughout Holland windmills were erected to pump out the water to keep the polders dry.

Sometimes the Dutch lost their battle against the water. There were always tempestuous inland seas which eroded the land; rivers that burst their banks and dikes that collapsed with catastrophic consequences. The Afsluitdijk and the Delta Works were built to tame and contain the aggressive sea.

For centuries water has not only been an enemy but also a friend. The Dutch are a nation of fishermen and merchants. Trading mainly took place via the water, goods being transported over the Zuiderzee and Northsea, then across the seven seas. It is not surprising, therefore, that Rotterdam, at present, is one of the largest and most important harbours in the world.

In their labyrinth of ditches, pools, lakes, rivers and canals the Dutch imagine they are safe. They have learned to live with the constant threat of the sea, especially as the lowest point in Holland is seven meters below sea level. They feel secure behind the dikes and proud of their ability to swim, ice skate, sail and row among the best in the world.

Water is in their genes and every Hollander sometimes feels like the man on the dyke, struggling against the wind...

schappen

landscapes

12 — noord-holland

15 — landschappen — **landscapes**

18 — landschappen — **landscapes**

details

IRENE

38

ANNO 1714

dieren

animals

steden

cities

molens

windmills

gein

48 — molens — **windmills**

volendam

kinderdijk

49 — molens — **windmills**

volendam

weesp

uitgeest

volendam

zaanse schans

53 — molens — **windmills**

ijsselmeer

edam

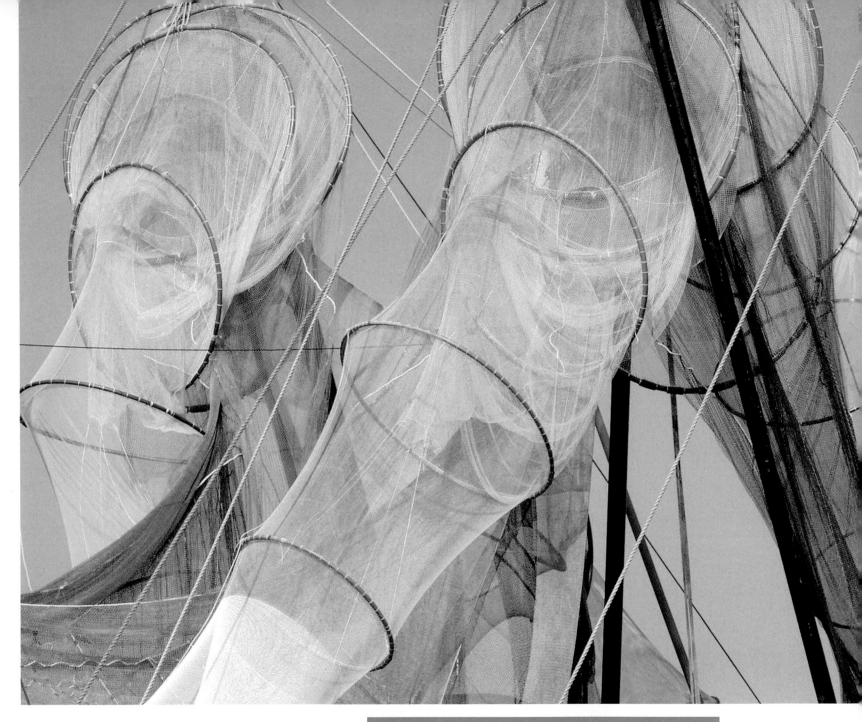

mensen

people

deltawerken

delta works

industrie

industry

KABELS P.E.N.

wonen

living

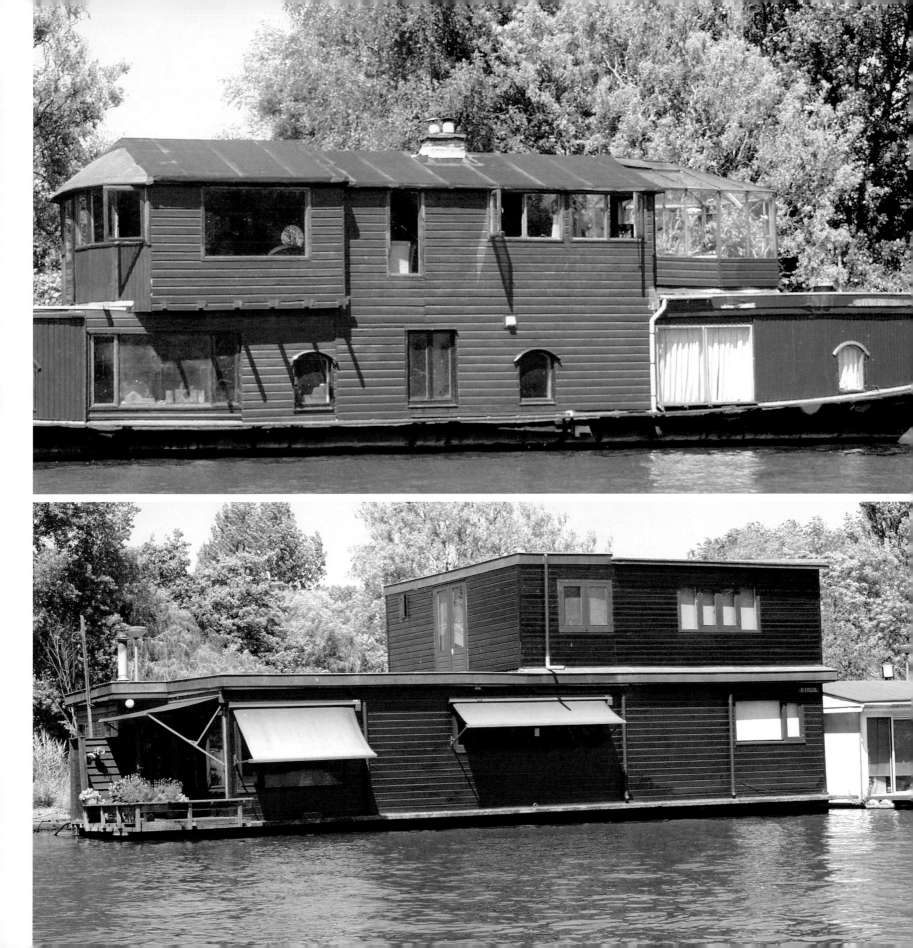

guisveld

zaanse schans

120 — wonen — **living**

zaanse schans

hindeloopen

giethoorn

recreatie
recreation

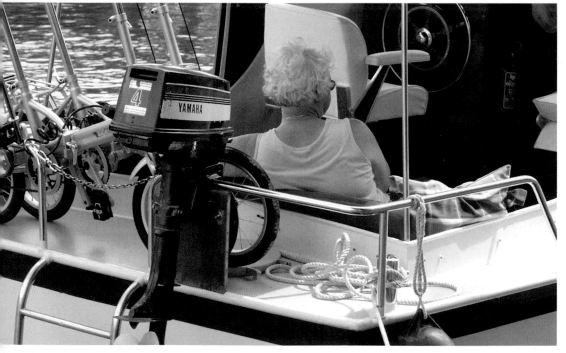

stadjes

towns

spaarndam

haarlem

132 — stadjes — **towns**

zwolle

alkmaar

kampen

vlissingen

dordrecht

rivieren

rivers

langs de vecht
along the river vecht

langs het gein
along the river gein

155 — rivieren — **rivers**

winter